TRAITÉ SPÉCIAL

SUR LES

SUCCESSIONS

AU POINT DE VUE FISCAL

PAR

Un ancien Receveur de l'Enregistrement (1re Classe).

PARIS

IMPRIMERIE ET LIBRAIRIE GÉNÉRALE DE JURISPRUDENCE.

COSSE et MARCHAL, Imprimeurs-Éditeurs,

LIBRAIRES DE LA COUR DE CASSATION,

Place Dauphine, 27.

1863

TRAITÉ SPÉCIAL

SUCCESSIONS

AU POINT DE VUE FISCAL

Paris. — Imprimerie de Cosse et J. Dumaine, rue Christine, 2.

TRAITÉ SPÉCIAL

SUR LES

SUCCESSIONS

AU POINT DE VUE FISCAL

PAR

Un ancien Receveur de l'Enregistrement (1re Classe).

* * *

PARIS

IMPRIMERIE ET LIBRAIRIE GÉNÉRALE DE JURISPRUDENCE.

COSSE et MARCHAL, Imprimeurs-Éditeurs,

LIBRAIRES DE LA COUR DE CASSATION,

Place Dauphine, 27.

1863

PRÉFACE.

Ce petit ouvrage de compilation consciencieuse, a eu pour objet de réunir en un corps de doctrine spécial tous les éléments épars concernant les droits de mutation à percevoir sur les objets composant les successions à déclarer.

Économie de temps et sûreté de résultat immédiat et instantané, voilà le but que s'est proposé l'auteur.

On y trouve dans un cadre resserré, et par cela même plus intelligible, l'analyse succincte des instructions de l'administration de l'enregistrement sur la matière, avec leurs numéros et la date des arrêts de cassation y rapportés, comme aussi l'état de la jurisprudence sur les questions controversées.

Pour la pratique, et pour coordonner le droit civil avec les exigences du droit fiscal, en faisant une juste application des lois, sans efforts et sans longues recherches, assez souvent infructueuses, des modèles de liquidations de communauté et de déclarations de successions ont été tracés et gradués de telle sorte, que tous les cas sont prévus et les difficultés les plus ardues vaincues.

En somme, ce petit ouvrage est, en quelque sorte, un *vade mecum* qui a son utilité pour tout le monde, mais spécialement pour les employés de l'enregistrement et surtout pour les notaires, ordinairement chargés par leurs clients, des opérations qu'il a pour objet d'élucider, tout en prévenant parfois des discussions oiseuses, sinon pénibles et irritantes.

TABLE ALPHABÉTIQUE DES MATIÈRES.

FIN DE LA TABLE ALPHABÉTIQUE.

TRAITÉ SPÉCIAL

SUR LES

SUCCESSIONS

AU POINT DE VUE FISCAL.

------ o ------

CHAPITRE PRÉLIMINAIRE.

§ 1er. — LÉGISLATION.

Loi du 22 frimaire an VII :

Titre 1er, n. 4. — Droit proportionnel sur les transmissions de propriété d'usufruit ou jouissance de meubles et d'immeubles par décès.

Titre 2, n. 8. — Valeurs sur lesquelles le droit proportionnel est assis.

Titre 3, n° 24. — Délais.

Titre 4, n. 27. — Déclaration au bureau de la situation des biens ; formes de déclarations.

Titre 5, n. 32. — Du paiement des droits et ceux qui doivent les acquitter.

Titre 6, n. 39. — Des peines pour défaut de déclaration dans les délais.

Titre 7, n. 55, 56, 58 et 59. — Obligations diverses des officiers publics et receveurs.

Titre 8, n. 60 et 61. — De la prescription.

Titre 9, n. 63 à 66 inclus. — Des poursuites et instances.

Titre 10, n. 69. — De la fixation des droits.

**LOIS QUI ONT APPORTÉ DIVERSES MODIFICATIONS A CELLE
DU 22 FRIMAIRE AN VII.**

Loi du 28 avril 1816, n. 53. — Nouvelles quotités.

Loi du 25 mars 1817, n. 78. — Remise aux émigrés des droits de mutations par décès.

Loi du 15 mai 1818, n. 75. — Mode d'évaluation au taux des mercuriales.

Loi du 16 juin 1824, n° 7. — Dons et legs aux communes, hospices, congrégations religieuses, etc., etc.

Loi du 18 avril 1831, n. 10. — Abrogation de l'article 7 de la loi du 16 juin 1824.

Loi du 21 avril 1832, n. 33. — Nouvelles quotités (subdivisions de la ligne collatérale).

Loi du 18 mai 1850 :

N. 7. — Inscriptions sur le grand-livre de la dette publique soumises au droit de mutation par décès, comme les fonds publics, actions de compagnies ou de sociétés d'industrie et de finances, étrangers, dépendant d'une succession régie par la loi française.

N. 10. — Assimilation des valeurs mobilières à celles immobilières.

N. 11. — Les prescriptions de 3 et 5 années établies par les paragraphes 2 et 3 de l'article 61 de la loi du 22 frimaire an VII, en ce qui concerne les omissions et les successions non déclarées, sont étendues à 5 années pour la première prescription, et à 10 années pour la deuxième.

§ II. — OBSERVATIONS GÉNÉRALES.

Les droits de mutations par décès sont perçus sur la déclaration estimative des parties : 1° pour les meubles, sur la valeur (art. 14, n. 8) ; et 2° pour les immeubles sur un capital formé de vingt fois le produit brut des biens ou le prix des baux courants, sans distraction des charges (art. 15, n. 7). L'usufruit s'évalue à moitié (art. 14, n. 11, et art. 15, n. 8, Circulaire 1450).

L'assimilation quant au droit fiscal, résultant de la Loi du 18 mai 1850, des valeurs mobilières à celles immobilières, en simplifiant les opérations d'application, a coupé court à bien des difficultés de détail, sans toutefois déroger aux principes; mais les prescriptions de l'Instruction 1432 se trouvent sensiblement modifiées, comme d'autres rapportées pour ordre et qui sont actuellement sans influence au point de vue fiscal.

On appelle l'attention des jeunes receveurs sur toutes les circonstances qui accroissent la succession de l'un des époux, telles que la renonciation de la veuve à la communauté dissoute, dont l'actif se réunit dès lors à la succession du mari; les reprises s'exerçant par les héritiers de la femme prédécédée, s'ils renoncent à la communauté, et qui augmentent d'autant la succession de la femme et les différentes stipulations des contrats de mariage, autorisées par les articles 1514, 1520, 1522 et 1525 du Code Napoléon, qui auraient eu l'effet d'attribuer une part plus forte de la communauté ou la communauté entière à l'époux prédécédé ou, à ses héritiers, le droit d'exercer des reprises.

. Dans ces diverses circonstances, il n'y a ni donation ni mutation par décès, au profit de l'héritier de l'époux prédécédé.

La clause d'un contrat de mariage attribuant la totalité de la communauté au survivant, n'est point une donation éventuelle susceptible de donner ouverture à des droits de mutation au décès du premier mourant. C'est une condition aléatoire et convention entre associés.

Décision transmise par l'instruction 1113 et motivée sur l'article 1525 du Code Napoléon et sur un arrêt de cassation. (Inst. 1156, § 6.)

Mais s'il est stipulé un préciput payable nonobstant la renonciation à la communauté, le droit de mutation par décès est exigible. (Inst. 1256, § 4; - 1422, § 7.)

Comme aussi lorsque l'attribution est faite à titre de donation. (Inst. 1381, § 5 ; Arr. 15 fév. 1832, Inst. 1401, § 4; -15 fév. 1841, Inst. 1643, § 4; -23 avril 1849, Inst. 1814, § 7; -24 déc. 1850, Inst. 1883, § 7; -21 mars 1860, Inst. 2174, § 7.)

Le partage antérieur à la déclaration doit être pris pour

base par les héritiers, tenus de comprendre dans la déclaration tout ce qui est entré dans leur lot. (Arr. 16 juill. 1823, Inst. 1437, § 8 ; - 11 mars 1851, Inst. 1743, § 7.)

Il est de principe que toutes les créances détaillées dans un inventaire soient déclarées dans leur intégralité, sans qu'il y ait lieu à distinguer entre celles d'un recouvrement certain et celles d'un recouvrement incertain.

Toutefois, lorsque les héritiers renoncent formellement et expressément dans la déclaration même, à certaines créances considérées comme perdues, la distraction peut en être faite, sauf à surveiller les événements ultérieurs qui pourraient en rendre le recouvrement possible.

Décision ministérielle du 12 août 1806. (4 arrêts du 24 avril 1861, Inst. 2201, § 5.)

§ III. — RÉCOMPENSES.

Les récompenses ne sont que des valeurs fictives ; elles doivent figurer dans la masse active de la communauté pour fixer la part qui revient à chaque époux, mais ensuite être déduites de l'actif de la succession. Cette déduction se fait après le partage et sur les valeurs revenant à la succession, car, bien qu'elles y soient entrées, elles n'y existent pas et ne s'y trouvent que fictivement. Si, au contraire, les récompenses sont dues par l'époux survivant, elles doivent encore, dans le cas ci-dessus, figurer dans la masse active, et, de plus, être employées comme les valeurs mobilières et les créances à éteindre, avant qu'on ne se serve des immeubles, tous les prélèvements qui sont à faire pour les reprises que la succession a droit d'exercer avant tout partage, sur les biens de la communauté, car, dans ce cas, ces récompenses existent en réalité dans la succession, elles forment une créance active ; celui qui doit ces récompenses a le droit de faire le rapport en argent ; il peut exiger moitié de chaque en immeubles partageables de la communauté, nonobstant la récompense qu'il doit, mais à charge de payer la partie de ces récompenses à laquelle la succession a droit pour cause de prélèvement, soit pour sa part dans les biens de communauté. Dans ce cas, il n'y a pas lieu de les déduire de la succession, ni de les considérer comme des valeurs fictives.

CHAPITRE PREMIER.

NOMENCLATURE DES BIENS A DÉCLARER.

1. Ameublissement. — Clause d'ameublissement dans un contrat de mariage ou de société :

La fiction attribuant l'immeuble à la communauté au même titre que les apports mobiliers, cessant à la dissolution, il en résulte que cet immeuble doit être déclaré comme propre à la succession de celui qui en a fait l'apport, s'il existe en nature à l'époque de son décès; que si la dissolution arrive par le décès de l'époux qui n'a pas fait l'ameublissement, ses héritiers n'ont à comprendre dans la déclaration de sa succession, aucune portion des biens ameublis, mais seulement l'indemnité mobilière due à la communauté par le retour de ces immeubles dans la main de l'autre époux. (Inst. 1272, § 3.)

2. Bail héréditaire. — La propriété appartenant aux débiteurs des redevances ou fermages, le droit de mutation est dû à leur décès, (Arr. 28 janv. 1833; Arr. contr. 24 nov. 1837; Inst. 1425, § 8.)

5. Biens indivis. — Doivent être compris dans la déclaration, bien que licités avant. (Inst. 1613, § 4.)

4. Donation *de biens présents et à venir*. — Elle ne reçoit son exécution qu'au décès du donateur, époque à laquelle les droits sont exigibles, bien qu'ils eussent été indûment perçus, lors de l'enregistrement de l'acte de donation. (Arr. des 28 janv. 1819 et 24 déc. 1821 ; Inst. 1773, § 6.)

5. Donation *par contrat de mariage soumise à l'événement du décès*. — Droit fixé pour les mutations par décès, à percevoir contrairement à un arrêt de cassation du 15 mai 1834, rapporté dans l'Instruction 1467, § 5 ; la jurisprudence sur ce point paraît fixée par les trois arrêts suivants : 23 mars 1840, Inst. 1618, § 4; -7 juillet, même année, Inst. 1634, § 5; -8 fév. 1834, Inst. 2015, § 4.

6. Donation *d'usufruit entre époux*. — L'usufruit réservé jusqu'au décès du dernier mourant, sans réduction au décès du prémourant, doit être déclaré par le survivant. (Arr. du 15 juin 1846, Inst. 1767, § 6 ; - 30 janv. 1856, Inst. 2078, § 3.)

7. Donation *d'usufruit entre époux dans un contrat de vente ou partage anticipé.* — Réserve au profit des vendeurs ou donateurs, de l'usufruit jusqu'au décès du dernier mourant.

—Cet usufruit doit être déclaré au décès du prémourant par le survivant, à qui il profite, pour les biens propres de son conjoint. (Arr. 8 août 1853, Inst. 1986, § 8 ; - 31 août 1853, Inst. 1986, § 9 ; - 30 janv. 1856, Inst. 2078, § 3 ; - 24 janv. 1860, Inst. 2174, § 8.)

8. Donation *entre époux, convention de mariage, régime dotal sans stipulation de communauté d'acquêts.* —La donation, en cas de survie de moitié des biens soit propres ou acquêts, est sujette au droit de mutation lors de l'événement. (Arr. 28 mars 1854, Inst. 2015, § 2.)

9. Emphytéose. — L'emphytéose constituant un droit réel immobilier, le droit à un bail emphytéotique doit être déclaré. (Arr. 6 mars 1850, Inst. 1857, § 7.)

Ce n'est point dans ce cas, la redevance résultant, à la vérité, d'un acte authentique, qui doit être déclarée, mais encore la part de tous les avantages assurés au preneur à ce titre, comme au bailleur.

L'expertise peut donc être provoquée en tout état de cause, pour déterminer la quote-part de la valeur incombant à l'un ou à l'autre. (Arr. 17 nov. 1852, Inst. 1986, § 7.)

10. Fruits civils. — Les *prorata* de fermage ou de loyer d'un immeuble affermé, courus jusqu'au jour du décès du propriétaire, doivent être déclarés comme créances, indépendamment du droit à percevoir sur l'immeuble.

Il en est de même dans le cas où l'immeuble n'est point affermé, si la récolte a été vendue avant le décès du propriétaire et si le prix forme créance pour la succession. Si le propriétaire jouissait lui-même, il ne s'opère à son décès, s'il a lieu lorsque les récoltes sont pendantes, qu'une seule mutation immobilière. S'il y a bail, les récoltes sont meubles considérées relativement au fermier, et en cas de décès de ce dernier, son héritier doit comprendre dans sa déclaration les récoltes pendantes suivant leur valeur à l'époque du décès. (Inst. 1263, § 5.)

11. *Immeubles.* —Lorsqu'un mari acquiert pendant la communauté un immeuble dont il possédait déjà une partie, l'intégralité doit être déclarée à son décès. (Art. 1408 du Code Napoléon.)

Si, au contraire, c'est la femme qui a acquis dans les mêmes conditions, il faut de sa part une acceptation expresse. (Inst. 1446, § 4.)

12. *Portion acquise par le mari sous le régime dotal, d'un immeuble appartenant par indivis.* —Cet immeuble doit être déclaré comme propre au mari, à défaut d'option par sa femme. (Même art. 1408.) (Arr. 31 mars 1835, Inst. 1490, § 7.)

Immeubles acquis en remploi de biens aliénés ou à aliéner, remploi *in futurum* non réalisé.

13. Cet immeuble fait partie de la communauté sous déduction du chiffre d'aliénation de propres dûment constatée et doit être déclaré en conséquence. (Arr. 24 nov. 1852, Inst. 1982, § 4.)

14. L'immeuble accepté par une femme mariée, en remplacement d'un de ses immeubles vendu, fait partie de sa succession et doit être déclaré comme bien propre, quoique le mari n'en ait pas acquitté le prix avant la dissolution de la communauté. (Arr. 6 janv. 1858, Inst. 2118, § 4.)

15. Legs *divers de sommes d'argent ou de rentes viagères.* —Le montant des legs de l'espèce est assujetti au droit fixé d'après le degré de parenté des légataires, bien que le légataire universel ait acquitté (en ligne directe) les droits sur l'intégralité de la succession, sauf imputation du droit payé. L'avis du Conseil d'État du 10 sept. 1808 ne peut être opposé. (Arr. 29 mars 1825, Inst. 1180, § 5.)

16. Legs de sommes payables lors du décès du légataire universel, droit dû lors de l'événement. (Arr. 20 janv. 1858, Inst. 2118, § 5.)

Voir la nouvelle jurisprudence pour les imputations. (Arr. 29 juill. 1862, Inst. 2231, § 1er.)

2

17. Legs *d'usufruit à plusieurs personnes pour en jouir successivement.* — Le droit de mutation est dû au décès de chacun des légataires. (Inst. 1422, § 8.)

Libéralité éventuelle ; réversion de rente viagère ; droits exigibles au fur et à mesure du décès de chaque légataire. — Il doit être fait article au sommier des découvertes des actes de l'espèce, pour surveiller l'événement qui rend les droits exigibles, en consultant l'arrêt du 19 déc. 1822 et celui du 2 juill. 1823, rapportés au précis chronologique. (Inst. 1187, § 7 ;-1200, § 15 ; Arr. 30 déc. 1834, Inst. 1481, § 9.)

18. Legs, *substitution, double mutation.* (Arr. 12 déc. 1860, Inst. 2190, § 6.)

19. Legs *particuliers de sommes d'argent.* — Quoique les sommes léguées n'existent point en nature dans la succession, elles sont, contrairement à l'instruction 1432, censées exister jusqu'à concurrence du montant des valeurs mobilières autres que le numéraire, et les droits doivent être perçus en conséquence. (Arr. 11 mars 1840, Inst. 1723, § 4.)

Il y a lieu à répartition au marc le franc, des valeurs mobilières entre les divers locataires, lorsqu'elles sont insuffisantes pour couvrir l'intégralité des legs de sommes d'argent. (Inst. 1786, § 7.)

20. Majorats. — Droit à 1 p. 100 sur le capital au denier 10 des biens affectés. (Décret du 24 juin 1808, art. 6.)

21. Offices *d'officiers publics.* — Si l'office est cédé à l'un des cohéritiers, le droit à 2 p. 100 est exigible et sera compensé avec celui de mutation par décès. Si le droit de cession est supérieur, il ne sera rien dû sur la déclaration de succession.

Si l'office est transmis à un tiers, il n'y aura lieu à aucune compensation. (Inst. 1610.)

Quand le successeur d'un officier public n'est ni son héritier ni son légataire universel, le droit de mutation par décès est dû, indépendamment du droit de 10 p. 100 du cautionnement, sur le décret de nomination. (Inst. 1590, § 11.)

22. Part *d'un associé défunt dans une société.* — Elle doit être déclarée suivant la nature des biens, à défaut d'une stipulation expresse dans l'acte social, faisant connaître que la société continue, malgré la dissolution résultant de l'art. 1865 du Code Napoléon. (Inst. 1562, § 20.)

23. Part *de l'auteur d'une succession dans une société de commerce.* — Quand le partage de la société n'a point encore été effectué, il n'y a lieu à déclarer que l'émolument net, distraction faite de toutes dettes. (Inst. 1202, § 6.)

24. Part *de communauté.* — La part de communauté appartenant à un mari donataire de tous les biens de sa femme, doit être déclarée, malgré sa renonciation au nom de la succession de cette dernière. (Arr. 8 mars 1812, Inst. 1675, § 4; - 26 nov. 1849, Inst. 1857, § 6.)

25. La part de communauté appartenant à un époux doit être déclarée à son décès, bien que par un partage antérieur il lui ait été attribué pour son lot l'usufruit de la totalité des biens communs. Ce n'est point, en effet, une simple réunion de l'usufruit à la propriété sous le rapport fiscal, puisqu'elle n'est affranchie du droit de mutation qu'autant que le droit a été acquitté sur la valeur entière de la propriété. (Arr. 2 août 1841, Inst. 1668, § 2.)

26. Prix *d'immeubles saisis et vendus avant le décès et non payés lors de l'événement.* — Ce prix doit être déclaré. (Inst. 1528, § 11.)

27. Prix *d'immeubles adjugés avant le décès, délégué aux créanciers qui n'avaient point encore accepté lors de l'événement.* — La simple indication de paiement n'opère pas novation (art. 1277 du Code Napoléon), principe consacré par arrêt du 28 nov. 1812. Droit exigible.

28. Rente *viagère créée en remplacement d'un legs d'usufruit.* — Droit exigible sur les immeubles soumis à l'usufruit. (Arr. 10 nov. 1834, Inst. 1481, § 8.)

29. Réserve *légale.* — Aux termes de l'art. 1094 du Code Napoléon, l'époux peut disposer, au profit de son conjoint, de l'usufruit de la réserve légale; mais pour qu'il y ait lieu à la perception du droit sur cet usufruit, il faut que la volonté du donateur ou du testateur soit nettement exprimée et qu'il donne notamment tout ce dont la loi lui permet de disposer.

2.

30. Retour *légal.* — La dot constituée par contrat de mariage, avec clause de retour, appartenant intégralement à la succession de la femme décédée sans postérité, doit être déclarée par les père et mère, auxquels elle fait retour, et supporter le droit à 1 p. 100 indépendamment de celui entre époux, si l'usufruit a été légué au survivant (art. 747 du Code Napoléon). (Inst. 1615, § 5.) .

31. Valeurs *mobilières grevées d'usufruit.* — D'après un arrêt de cassation du 4 août 1842, rapporté dans l'instruction 1683, § 4, elles devaient être déclarées comme si elles n'étaient pas grevées; mais un arrêt de la même Cour, du 27 déc. 1847, qui fait actuellement jurisprudence, a décidé que le droit ne doit être perçu que sur la moitié. (Arr. 27 déc. 1847, Inst. 2025, § 3.)

32. Transactions. — Celle par laquelle un légataire universel non parent, abandonne aux héritiers naturels une partie de son legs, ne le dispense pas de payer les droits à 9 p. 100 sur l'intégralité de ce legs. Quant à l'abandon fait gratuitement à l'héritier naturel, le droit de donation est seul exigible. (Inst. 1229, § 11; Arr. 5 juin 1861, Inst. 2201, § 8.)

33. Les droits acquis au Trésor par suite de l'acceptation d'un legs, tacitement ou autrement, ne peuvent être ni affectés ni diminués par une renonciation ultérieure. (Arr. 18 nov. 1851. Inst. 1912, § 5; - 7 mars 1855, Inst. 2042, § 6.)

34. Usufruit *légué à l'ascendant d'un enfant mineur institué légataire universel.* — Il ne se confond point avec la jouissance légale accordée par l'art. 384 du Code Napoléon, et doit être capitalisé au denier dix pour la perception. (Arr. 15 juin 1842, Inst. 1683, § 5; - 30 déc. 1850, Inst. 1883, § 9.)

35. Traites *souscrites à l'étranger et payables en France.* — Elles doivent être déclarées. (Arr. 29 nov. 1858; Inst. 2142, § 7.)

Indépendamment des avantages entre époux, des valeurs et biens compris dans la nomenclature qui précède (§ 1er), et qui ont fait l'objet des instructions qui s'y trouvent mentionnées, on donne ci-après le détail d'autres valeurs également assujetties au droit de mutation par décès.

36. Achalandage. — L'achalandage d'un fonds de commerce faisant partie d'une succession doit être déclaré comme valeur active.

37. Antichrèse. — Les biens donnés en antichrèse, continuant à être la propriété du débiteur, doivent être déclarés à son décès.

38. Brevets *d'invention.* — Les brevets d'invention étant une propriété, doivent à ce titre être déclarés.

39. Carrières. — A déclarer la propriété de la surface et le droit d'exploiter.

40. Cautionnements *des comptables, des fonctionnaires, officiers publics et ministériels.* — Ils doivent être déclarés dans leur intégralité, quoique le comptable soit décédé en état de débet, le débet étant considéré, jusqu'à compensation, comme dette passive.

41. Cheptel. { Succession du bailleur, propriété des bestiaux.
Succession du preneur, droit au croît.

42. Constructions. — Les héritiers d'un locataire qui a élevé des constructions sur le terrain par lui loué, ayant le droit de les enlever, doivent les déclarer.

43. Démolitions (*Matériaux*). — Si la démolition d'une maison a été ordonnée pour cause d'utilité publique, avant le décès du propriétaire, l'indemnité accordée pour le sol et les matériaux doit être comprise dans la déclaration, comme celle résultant d'un sinistre pour incendie.

44. Droit *d'auteur.* — Lorsqu'un auteur dramatique a laissé des ouvrages de sa composition, donnant droit, pendant un temps déterminé, à une part d'auteur, la déclaration doit comprendre ce droit.

45. Gage. — Les choses données en gage, ne cessant pas d'appartenir au débiteur, doivent être déclarées à son décès.

46. Houillères. — Comme pour les carrières ; *voyez* ce mot.

47. Mines. — Comme pour les carrières ; *voyez* ce mot.

48. Pêche *des étangs.* — La pêche des étangs donnant un revenu périodique, ce produit doit être déclaré.

49. Pépinières. — Doivent être déclarées, tant pour le sol que pour la superficie.

50. Ruches *à miel.* — Considérées comme meubles ou immeubles par destination. Ce produit est susceptible de déclaration.

CHAPITRE DEUXIÈME.

EXEMPTIONS.

1° *Biens non susceptibles d'être déclarés.* — Mobilier des ambassadeurs : Les héritiers ne sont tenus à déclarer que les créances et rentes dues par des Français, ainsi que les immeubles situés dans l'étendue de l'Empire. (Inst. 1303, § 9.)

2° *Biens acquis en France par des Anglais (statut personnel).* — La femme anglaise n'ayant, d'après la législation de son pays, aucun droit aux biens acquis pendant le mariage, il en résulte qu'à son décès aucun droit de mutation n'est exigible. (Arr. 30 janv. 1854, Inst. 2010, § 8.)

3° *Donation,* par contrat de mariage, d'une somme ou d'un immeuble, au choix du donataire, l'option ne pouvant avoir lieu qu'au décès du donateur.

Si le choix se porte sur l'immeuble, le droit de mutation n'est pas exigible, mais seulement celui fixé pour les donations faites par contrat de mariage. (Inst. 1173, § 5.)

4° *Donations de sommes payables au décès des donateurs.* — Ces sommes ne sont pas passibles du droit de mutation par décès lors de l'événement.

Pour la liquidation des droits de mutation à l'égard des successions ainsi grevées de donations entre-vifs, il y a lieu de se conformer aux règles prescrites par le paragraphe 7 de l'instruction 1156, pour l'imputation des droits perçus sur les actes de donation. (Arr. 18 fév. et 1er avril 1820, Inst. 1203, § 4.)

L'instruction 1187, § 6, se trouve modifiée par la jurisprudence fixée par les arrêts énoncés ci-contre.

5° *Donations de sommes payables à volonté et non payées au décès.* — Il y a lieu à l'application du principe ci-dessus énoncé et conséquemment à déduction. (Inst. 1293, § 4; - 1562, § 17; - 1590, § 10.)

6° Le retour conventionnel n'ayant pas lieu à titre de succession, n'est pas soumis au droit de mutation par décès.

7° *Société universelle; corporations religieuses; associés survivants.* — Les droits de mutation par décès, à raison de la clause d'accroissement, au fur et à mesure du décès de chaque sociétaire, ne peuvent être exigés, mais bien le droit de vente. (Arr. 22 août 1842, Inst. 1683, § 3; - 15 juin 1847, Inst. 1796, § 17; - 8 août 1848, Inst. 1825, § 9; - 7 janv. 1850, Inst. 1857, § 4; - 19 nov. 1851, Inst. 1912, § 4.)

Aux termes de l'art. 27, § 3, de la loi du 22 frim. an VII, les créances de toute nature étaient assujetties au droit. (Arr. 21 déc. 1813, Inst. 1166, § 7.)

Même celles dues à l'étranger; mais depuis, il a été reconnu, d'après un avis du comité des finances du Conseil d'État, du 11 mars 1829, transcrit dans l'instruction 1282, § 6, que les créances dues et payables en pays étranger ne peuvent être assujetties au droit de mutation par décès. (Inst. 1498, § 6.)

Il y a toutefois l'exception résultant de la loi du 18 mai 1850, en ce qui concerne les fonds publics et actions des compagnies ou sociétés d'industrie et de finances étrangers, dépendant d'une succession régie par la loi française. (Inst. 1852.)

Arbres épars ou de bordure. — L'élagage abandonné aux fermiers ne doit pas être l'objet d'un supplément d'évaluation pour fixer le revenu. (Inst. 103, § 4.)

8° *Rapport à succession.* — Lorsqu'à l'événement du décès d'une personne qui, par contrat de mariage, a fait donation à son conjoint de l'usufruit du tiers de ses biens, cet usufruit, autant qu'il peut porter sur une dot constituée postérieurement par les conjoints au profit d'un enfant commun, doit-il être assujetti au droit de mutation par décès, et le rapport fictif de la dot doit-il être fait pour la liquidation du droit à payer par l'époux donataire?

L'affirmative n'est pas douteuse dans le cas où l'un des

époux a disposé, au profit de l'autre, de la quotité disponible ; c'est ce qui a été reconnu par une délibération du conseil d'administration, du 19 juill. 1833 ; mais, au cas particulier, cette même délibération semble reconnaître implicitement qu'il n'y a pas lieu à rapport.

Par la constitution de dot par les époux, pour chacun moitié, celui qui profite du gain de survie est censé avoir renoncé à la portion d'usufruit s'appliquant à moitié de la dot afférente à son conjoint.

L'époux donateur ne s'est pas interdit le droit de disposer de tout ou partie de ses biens, et les termes mêmes de la donation éventuelle impliquent une réserve quant à l'exercice de cette faculté.

Ce principe paraît conforme aux art. 857 et 921 du Code Napoléon, et ne semble pas en opposition avec l'instruction 1577, § 12.

9° *Biens vendus avec faculté de rachat.*—Ils ne doivent pas être compris dans la succession du vendeur, quand même les héritiers auraient fait le retrait de réméré, avant la déclaration de la succession. (Inst. 290, § 34.)

Le deuil auquel la veuve a droit, d'après les art. 1481 et 1570 du Code Napoléon, n'est point un avantage sujet au droit de succession.

10° *Dépôt.*—Les choses mises en dépôt étant la propriété du déposant, rien à déclarer de ce chef au décès du dépositaire.

11° *Secours viagers aux anciens militaires.*—Les arrérages ne sont pas susceptibles de déclaration. (Inst. 2148, § 4.)

12° *Valeurs attribuées aux hospices par l'art.* 8 *de la loi du* 15 *pluviôse an* XIII.—Biens délaissés par les enfants trouvés ou orphelins décédés sans héritiers. (Inst. 2132, § 4.)

CHAPITRE TROISIÈME.

VALEURS SUR LESQUELLES LE DROIT PROPORTIONNEL EST ASSIS.

Mode d'évaluation ; mobilier. — A défaut d'inventaire ou de procès-verbal de vente, les parties devront fournir un état des meubles et valeurs mobilières, avec estimation, article par article et sur papier timbré, en groupant toutefois les objets de même nature.

Les personnes illettrées sont dispensées d'en fournir. (Inst. 1400.)

Si le mobilier a été vendu après décès, c'est sur le prix de la vente que le droit doit être assis, et non sur la prisée de l'inventaire.

La valeur peut, d'un autre côté, en être constatée par la commune renommée (art. 1415 du Code Napoléon), soit par le concours de présomptions graves, précises et concordantes (art. 1523). (Inst. 1767, § 8; Arr. contr. 29 fév. 1860, Inst. 2185, § 4.)

Créances et obligations; capital exprimé dans les actes qui en font l'objet; actions dans les compagnies de finance, de commerce ou d'industrie; inscriptions de rentes; cours moyen de la bourse au jour du décès. —Pour trouver le capital, on multiplie le revenu par le cours et on divise le produit par le taux. A défaut de cours authentique, valeur nominale jusqu'à preuve contraire. Les rentes doivent être déclarées par numéros et séries et les actions par leur nombre.

Le receveur applique les droits à chacune de ces valeurs, afin de pouvoir servir la feuille de dépouillement mensuel qui contient cette indication; si les actions ne sont pas cotées à la bourse, les héritiers peuvent être admis à faire des déclarations estimatives.

Actions immobilisées faisant partie d'un majorat. — C'est leur produit pour l'année antérieure au décès qui doit être déclaré et capitalisé au denier 10, pour la perception.

Décision ministérielle du 4 oct. 1825, décret du 24 juin 1808, art. 6.

Rentes; capital de la constitution. —S'il n'en est point exprimé, il doit être établi au denier 20, du taux de la rente.

Le legs d'une rente ou pension pendant un nombre d'années déterminé, ne doit être capitalisé qu'au denier 10, ou pour le nombre des années, s'il est inférieur à 10.

Immeubles de toute nature. — Revenu brut sans distraction des charges, capital au denier 20 pour la toute propriété, et au denier 10 pour l'usufruit. (Arr. 9 avril 1862, Inst. 2239, § 6.)

Bois et forêts. —S'il y a aménagement, c'est le produit

moyen pendant la durée de l'aménagement qui doit être déclaré.

S'ils se coupent en une seule fois, le revenu est déterminé par le prix de la coupe divisé par l'âge du bois coupé. (Inst. 1229, § 2; - 2034, § 4.)

Bail à portion de fruits. — Estimation à faire au taux des mercuriales des trois dernières années (voyez *Poursuites*). (Arr. 9 mai 1826, Inst. 1200, § 4.)

Emphytéose. — Estimation à faire de tous les avantages assurés à ce titre. (Arr. 17 nov. 1832, Inst. 1986, § 7.)

Quotité disponible. — Un quart en propriété, un quart en usufruit, ou l'usufruit de moitié; c'est d'après l'option que les droits doivent être réglés. (Arr. 4 déc. 1832, Inst. 1437, § 10.)

La dot constituée par le défunt, au profit de l'un de ses enfants, doit être rapportée fictivement, pour établir l'importance de la quotité disponible et asseoir les droits en conséquence. (Arr. 19 janv. 1834, Inst. 1577, § 12.)

Lorsqu'un mari a donné à sa femme tout ce dont il pouvait disposer, les enfants ne peuvent plus rien recevoir à titre de libéralité. (Arr. 27 déc. 1848;-7 mars 1849.)

CHAPITRE QUATRIÈME.

DÉLAIS.

Six mois, si le décès a eu lieu en France; 8 mois dans toute autre partie de l'Europe; 1 année pour les décès arrivés en Amérique; 2 années s'ils ont eu lieu en Afrique ou en Asie (art. 24 de la loi du 22 frim. an VII).

Si, avant les derniers six mois de délai fixé pour les déclarations des successions de personnes décédées hors de France, les héritiers prennent possession des biens, il ne restera d'autre délai à courir, pour passer déclaration, que celui de six mois à compter du jour de la prise de possession.

Dans les délais ci-dessus fixés, le jour de l'ouverture de la succession ne sera point compté.

Si le dernier jour du délai se trouve être un dimanche

ou un jour férié, ces jours-là ne seront point comptés non plus (art. 23 de la loi du 22 frim. an VII).

Les héritiers d'un étranger possédant des rentes inscrites au grand-livre de la dette française, sont tenus, comme les nationaux, au demi-droit en sus, à défaut de déclaration dans le délai voulu. (Inst. 2003, § 2.)

CHAPITRE CINQUIÈME.

BUREAUX OU LES DÉCLARATIONS DOIVENT ÊTRE PASSÉES.

Pour les immeubles, au bureau dans la circonscription duquel ils sont situés.

Le mobilier corporel, ainsi que l'or et l'argent, au bureau dans l'arrondissement duquel ils se trouvent au moment du décès.

Les autres biens meubles sans assiette déterminée, au bureau du domicile du décédé.

Les actions, dans les compagnies financières, commerciales ou industrielles, appartenant à des étrangers qui n'ont pas de domicile ou résidence en France, au bureau dans l'arrondissement duquel se trouve le siége de l'administration.

Inscriptions de rentes sur l'État, dépendant de successions d'étrangers, ouvertes hors du territoire français, doivent être déclarées à Paris. (Inst. 2148, § 3.)

CHAPITRE SIXIÈME.

DU PAIEMENT DES DROITS ET DE CEUX QUI DOIVENT LES ACQUITTER. — ACTION ET PRIVILÉGES.

Les droits seront payés par les héritiers, donataires ou légataires.

Les cohéritiers seront solidaires (tit. 5, n° 32 de la loi du 22 frim. an VII).

L'État aura action sur les revenus des biens à déclarer,

en quelques mains qu'ils se trouvent, pour le paiement des droits dont il faudrait poursuivre le recouvrement (loi du 18 avril 1831).

Les droits de mutation peuvent être réclamés contre les héritiers directs ayant la saisine légale, bien qu'ils n'aient pas pris qualité. (Arr. 7 mars 1842; Inst. 1675, § 5.)

L'administration a sur les valeurs mobilières un droit de préférence vis-à-vis des créanciers de l'héritier. (Arr. 28 juill. 1851, Inst. 1900, § 8.)

L'action résultant de l'art. 32 de la loi du 22 frim. an VII peut être exercée solidairement contre un ou plusieurs cohéritiers; mais il est préférable d'agir contre les majeurs et ceux qui disposent de leurs droits, notamment les plus solvables. (Inst. 1146, § 18, 6ᵉ alinéa.)

D'après l'avis du Conseil d'État, du 4 sept. 1810, l'action de l'administration réservée par l'art. 32 ci-dessus ne peut être exercée contre les tiers acquéreurs. (Inst. 1900, § 8.)

CHAPITRE SEPTIÈME.

DES PEINES POUR DÉFAUT DE DÉCLARATION DANS LES DÉLAIS. — INSUFFISANCE OU OMISSIONS.

Demi-droit en sus pour défaut de déclaration à temps utile; double droit pour fausse évaluation ou omissions, déclaration provisoire non complétée dans les six mois (double droit exigible). (18 janv. 1825, Inst. 1166, § 5.)

Les peines étant personnelles, les héritiers de celui qui les a encourues n'en sont point responsables.

Les tuteurs et curateurs les supportent personnellement.

Les étrangers, comme les nationaux, en sont également passibles. (Inst. 2003, § 2.)

Si l'héritier d'une succession est en faillite, cette circonstance ne fait pas obstacle au paiement des droits dans leur intégrité, à moins qu'il ne soit justifié de l'homologation d'un concordat avant l'ouverture de la succession.

Il en est de même de toutes les créances sur les faillis; si le concordat n'était pas homologué avant le décès du créancier, la créance devrait être déclarée intégralement.

CHAPITRE HUITIÈME.

DES PRESCRIPTIONS.

Fausses évaluations. |2 ans. (Loi du 22 frim. an VII,
Expertises. . . . . . | tit. 3, n° 24.)
Omissions. . . . . 5 ans.) Loi du 18 mai 1850,
Successions non déclarées. 10 ans.)   n° 11.

Rentes sur l'État à déclarer, 30 ans. (Art. 26 de la loi du
8 juill. 1852.) (Inst. 1933.)

La maxime de droit civil d'après laquelle la prescription
ne court point contre qui ne peut agir, n'est point appli-
cable en matière d'enregistrement. La disposition de
l'art. 61 de la loi du 22 frim. an VII est absolue et ne
souffre aucune distinction. (Inst. 1437, § 5; - 1451, § 3; -
1467, § 4; Arr. 10 déc. 1838; - 23 janv. 1839, Inst. 1590,
§ 15; - 10 juin 1839, Inst. 1601, § 11.) — Voir *Restitutions*.

Le défaut de perception du droit de mutation par décès,
sur des biens dont l'existence et la valeur sont constatées
dans une déclaration de succession où l'héritier a exprimé
l'opinion que ces biens ne faisaient pas partie de l'hérédité,
constitue une insuffisance de perception soumise à la pre-
scription biennale.

Il est donc prudent de percevoir, dans ce cas, et non-
obstant les réserves dont certains biens sont l'objet, le droit
sur l'intégralité des biens mentionnés, sauf à l'héritier à se
pourvoir en restitution, s'il y a lieu, comme le porte
l'art. 28 de la loi du 22 frim. an VII. (Arr. 14 août 1850,
Inst. 1875, § 6.)

Biens recouvrés par les héritiers. — A défaut de pour-
suites, dans la période actuellement décennale, à raison de
la réintégration des héritiers dans un bien, par suite
d'arrêt postérieur au décès, la prescription peut être utile-
ment invoquée par eux. (Arr. 8 mars 1826, Inst. 1189, § 5;
- 20 août 1827, Inst. 1229, § 3.)

*Testament mystique ouvert et enregistré plus de 5 ans après
le décès, actuellement 10 ans.* — Aux termes des arrêts de
cassation des 22 brum. an XIV et 30 mars 1813, la pre-

scription ne commence à courir contre l'administration que du jour où elle a été en état d'agir, c'est-à-dire à partir du jour de l'enregistrement du testament, car elle n'a pas qualité pour en provoquer l'ouverture. (Arr. 26 juill. 1825, Inst. 1200, § 14.)

Décès en pays étranger. — Le jugement d'envoi en possession fait seul courir le délai de 10 ans. (Arr. 7 mai 1833, Inst. 1437, § 11.)

Si le légataire est saisi du jour du décès du testateur, bien que le legs ne soit payable qu'après le décès d'un tiers, le droit de mutation n'en est pas moins dû, et, à défaut de réclamation à temps utile, la prescription est opposable. (Inst. 1451, § 4.)

CHAPITRE NEUVIÈME.

DES POURSUITES ET INSTANCES.

Contrainte à signifier conformément à l'art. 27 de la loi du 22 frim. an VII, pour la déclaration à fournir en exécution de l'art. 24 de ladite loi.

Expertise à provoquer dans les 2 ans de la déclaration, pour insuffisance d'estimation du revenu des biens (art. 19 de la loi du 22 frim. an VII).

Lorsqu'il y a lieu à l'expertise, les frais en résultant, quel que soit le chiffre de l'augmentation de revenu, fût-il inférieur à un huitième, restent à la charge des parties. (Arr. 21 mai 1824, Inst. 1146, § 5; – 9 mai 1826, Inst. 1200, § 4.)

L'expertise des biens recueillis par des contumax et mis sous le séquestre peut être valablement requise contre un curateur *ad hoc*, pour constater l'insuffisance du revenu attribué à ces mêmes biens, dans une déclaration faite après le décès du testateur. (Arr. 6 déc. 1836, Inst. 1539, § 6.)

Dans aucun cas, la voie de l'expertise ne peut être réclamée dans l'intérêt des parties, ainsi qu'il résulte des arrêts énoncés au n° 2 du § 4 de l'instruction 1293, (Arr. 19 août 1829, Inst. 1303, § 8; – 9 déc. 1835, Inst. 1513, § 3, 4; – 3 mars 1840, Inst. 1618, § 5.)

L'expertise du fait des parties, postérieure à la déclaration et portant le revenu des biens à une somme supérieure à celle déclarée, peut leur être valablement opposée.

Double droit exigible sur le capital de la différence. (Arr. 18 janv. 1823, Inst. 1166, § 5.)

Quand il y a bail courant, une autre base d'estimation ne peut pas prévaloir. Jurisprudence fixée par les arrêts du 18 fév. 1807, 5 avril 1808, 13 fév. 1809 et 23 mars 1812.

Un bail n'est pas réputé courant, si son expiration a eu lieu avant le décès, même lorsque la jouissance est laissée aux fermiers, par une sorte de tacite réconduction.

Il ne peut donc être opposé à l'administration, et l'expertise est valablement requise. (Arr. 2 juin 1847, Inst. 1796, § 10;-19 nov. 1850, Inst. 1883, § 4.)

Bail à portion de fruits. — L'estimation doit être faite d'après les mercuriales, au taux moyen des trois dernières années, conformément au décret du 26 avril 1808, bien que la loi du 15 mai 1818 en ait fixé le nombre à quatorze. (Arr. 9 mai 1826, Inst. 1200, § 4.)

Lorsqu'un acte émanant des parties ou de leur fait, établit le revenu des biens, on peut se dispenser d'avoir recours à l'expertise. (Arr. 26 fév. 1851, Inst. 1883, § 8.)

Héritier en faillite. (Voir chap. 7 *in fine.*)

CHAPITRE DIXIÈME.

RENONCIATIONS.

La renonciation, d'après les art. 780 et 786 du Code Napoléon, doit être pure et simple et avoir pour effet de faire passer les droits du renonçant à ses cohéritiers ou au degré subséquent. (Arr. 10 nov. 1847, Inst. 1814, § 13.)

La renonciation partielle, conditionnelle à un legs, ne dispense pas du paiement du droit sur l'intégralité du legs.

Les héritiers bénéficiaires ne peuvent plus renoncer à la succession. (Arr. 1er fév. 1830, Inst. 1320, § 5;-24 avril 1833, Inst. 1437, § 9;-7 avril 1835, Inst. 1498, § 7;-12 juill. 1836, Inst. 1528, § 10;-28 août 1837, Inst. 1562, § 19.)

Renonciations faites en fraude et dans le seul but d'éviter les droits. (Arr. 24 nov. 1857, Inst. 2118, § 6; -13 mars 1860, Inst. 2183, § 5; -18 juill. 1860, Inst. 2185, § 6.)

Les renonciations à une succession ou à un legs, faites devant notaire, sont admises comme celles faites au greffe. (Inst. 386, § 27.)

Acte d'héritier.—Cet acte, impliquant acceptation, ne peut pas être détruit par une renonciation ultérieure. Les droits acquis au Trésor par suite de l'acceptation d'un legs, tacitement ou autrement, ne peuvent être affectés ni diminués par une renonciation ultérieure. (Arr. 18 nov. 1851, Inst. 1912, § 5; -7 mars 1855, Inst. 2042, § 6.)

CHAPITRE ONZIÈME.

RESTITUTIONS.

Les droits payés par les héritiers bénéficiaires ne sont pas restituables. (Arr. 3 fév. 1829, Inst. 1282, § 5.)

Les droits acquittés, soit par les légataires en vertu de testament postérieurement annulé en justice, soit par des héritiers plus tard évincés de la succession, ne sont pas sujets à restitution, s'ils ont d'ailleurs été régulièrement perçus. (Arr. 11 mars 1840, Inst. 1618, § 8; -7 avril 1840, Inst. 1630, § 7; -1er et 15 juill. 1840, Inst. 1634, § 13; -30 juin 1841, Inst. 1663, § 12; -6 août 1849, Inst. 1844, § 14; -15 janv. 1850, Inst. 1857, § 14; -10 juill. 1860, Inst. 2185, § 7; -13 nov. 1860, Inst. 2190, § 5.)

Voir au mot *Prescription*, les instructions mentionnées ci-contre, intervenues à l'occasion d'arrêts rendus sur des demandes en restitution. (Inst. 1437, § 5; -1451, § 3; -1467, § 4; Arr. 10 déc. 1838; -23 janv. 1839, Inst. 1590, § 15; -10 juin 1839, Inst. 1601, § 11.)

Lorsqu'un droit a été payé sur une valeur reconnue ultérieurement ne pas appartenir à la succession, l'art. 60 de la loi du 22 frim. an VII ne fait pas obstacle à sa restitution. (Arr. 23 janv. 1849, Inst. 1837, § 2.)

CHAPITRE DOUZIÈME.

SUCCESSIONS D'ABSENTS.

D'après l'art. 11 de la loi du 11 vent. an II, tout militaire dont l'absence est présumée ne cesse point pour cela d'être réputé vivant; et jusqu'à ce que l'absence soit judiciairement constatée, il est apte à recueillir toutes successions. Or, ses héritiers se mettant en possession de ses biens, doivent déclarer tous ceux qu'il a recueillis à titre successif, depuis son départ, comme ceux qu'il possédait avant. (Arr. 30 juin 1825, Inst. 1187, § 8.)

Arrêt contraire rapporté dans l'instruction. (Arr. 17 fév. 1820, Inst. 1293, § 5.)

Lorsqu'il y a prise de possession de fait, les droits sont exigibles, et le délai pour en opérer le recouvrement est de dix ans, à partir du jour de la prise de possession. (Arr. 29 mai 1832, Inst. 1410, § 9; - 12 mai 1834, Inst. 1467, § 4.)

CHAPITRE TREIZIÈME.

SUCCESSIONS D'ÉTRANGERS.

Les biens de toute nature et créances exigibles en France sont soumis au droit de mutation par décès. (Inst. 290, § 37.)

Les créances, quoique payables à l'étranger, hypothéquées sur des immeubles situés en France, doivent être déclarées. (Arr. 27 juill. 1819; - 16 juin et 10 nov. 1823, Inst. 1229, § 4; - 29 août 1837, Inst. 1562, § 18.)

Hors les conditions ci-dessus, les droits de mutation ne sont pas dus, même lorsque le créancier aurait son domicile en France et y serait décédé (avis du Conseil d'État du 11 fév. 1829). (Inst. 1282, § 6.)

Les rentes inscrites au grand-livre de la dette française doivent être déclarées, comme aussi celles provenant de successions ouvertes dans les colonies. (Inst. 2003, § 3.)

Lorsqu'un partage comprend des biens situés en France

et d'autres situés en pays étranger, la déclaration doit être passée comme si la succession n'était composée que de biens situés en France. (Arr. 8 déc. 1840.)

CHAPITRE QUATORZIÈME.

SUCCESSIONS VACANTES.

Différence d'une succession vacante avec une succession en déshérence.

Cette différence, dont la nuance paraît au premier abord difficilement perceptible, n'est autre que celle-ci :

Une succession est réputée vacante quand personne ne se présente à l'hérédité, même les successeurs irréguliers, et notamment le domaine.

Elle est en déshérence quand, à défaut d'héritiers ou par suite de leur renonciation ou abstention, le domaine intervient pour l'appréhender à ce titre comme successeur irrégulier.

Le droit des successions vacantes est dû au taux fixé par le degré de parenté des héritiers qui ont renoncé.

Si la succession est vacante à défaut d'héritiers connus, le droit est dû au taux fixé pour les collatéraux les plus éloignés, mais non d'après la quotité due pour le légataire ou l'héritier institué. (Inst. 290, § 70 ; -386, § 33.)

Le curateur, sans être tenu personnellement des droits, doit les acquitter jusqu'à concurrence des valeurs de la succession, en sa qualité d'administrateur.

Le privilége de l'administration pour le recouvrement des droits ne se borne pas aux fruits des immeubles, mais s'étend à la totalité des valeurs mobilières et même aux immeubles lorsqu'elle a pris inscription (après le paiement des créances inscrites antérieurement). (Arr. 3 déc. 1839.)

CHAPITRE QUINZIÈME.

SUCCESSIONS IRRÉGULIÈRES DÉVOLUES A L'ÉTAT
A TITRE DE DÉSHÉRENCE.

La marche à suivre pour faire ordonner l'envoi en possession remplir les formalités préalables (publications légales) est tracée par les instructions ci-contre. (Inst. 219, 300, 317, 1118, 1373.)

La demande d'envoi en possession est facultative pour le domaine, qui a le droit d'intervenir ou de s'abstenir, après appréciation de l'actif et du passif.

L'instruction 1407 ci-contre, en réglant les attributions des préfets et de l'administration des domaines, a levé à cet égard toutes les difficultés. (Inst. 1407.)

Lorsque les héritiers rentrent en possession des biens appréhendés par l'État à titre de déshérence, le délai de six mois pour le paiement des droits de mutation par décès court du jour de la notification qui leur est faite de la décision de M. le ministre des finances, approbative de leur envoi en possession.

CHAPITRE SEIZIÈME.

SUCCESSIONS PAR SUITE D'ADOPTION.

L'adopté ayant les mêmes droits que s'il était enfant légitime, les droits sont les mêmes qu'en ligne directe.

C'est à titre de succession et non par suite d'un retour légal que les enfants de l'adoptant héritent de la part de l'adopté dans la succession restée indivise du premier, et les droits sont dus. (Inst. 1307, § 11.)

CHAPITRE DIX-SEPTIÈME.

ENFANTS NATURELS.

En règle générale, les mutations qui s'effectuent au profit des enfants naturels ou de leurs descendants légitimes, par le décès de leurs pères et mères, ne donnent ouverture qu'au droit établi pour les successions en ligne directe (art. 756 et 759 du Code Napoléon). (Inst. 239.)

L'avant-dernier alinéa de l'art. 53 de la loi du 28 avril 1816 a dérogé à cette règle pour le cas où les enfants naturels sont appelés à la succession à défaut de parents au degré successible. (Inst. 1796, § 15.)

Les enfants naturels, n'étant pas héritiers d'après l'art. 756 du Code Napoléon, ne peuvent profiter de l'accroissement résultant de la renonciation à la succession par un héritier à réserve. (Inst. 1490, § 6.)

<table>
<tr><td>Quotité
du
droit.</td><td>Ligne directe, lorsque l'enfant naturel se présente en qualité de légataire universel. (Arr. 5 avril 1852, Inst. 1946, § 2.)
9 p. 100, lorsqu'il vient à la succession en vertu de l'art. 758 du Code Napoléon. (Arr. 12 avril 1847, Inst. 1796, § 16.)</td></tr>
</table>

CHAPITRE DIX-HUITIÈME.

CHARGES.

Les sommes données par l'auteur de la succession et payables à son décès doivent être considérées comme charges, et à ce titre ne donnent lieu à aucune déduction.

Toutefois, suivant les deux arrêts des 18 fév. et 1er avril 1820, insérés dans l'instruction 1293, § 4, il en est autrement quand la somme due lors de l'ouverture de la succession a été donnée par l'auteur de la succession à l'un de ses héritiers.

Dans ce cas, les titres de donataire et d'héritier se confondent, et il y a lieu, pour la liquidation, de se conformer aux règles indiquées par les instructions 1293, § 4, et 1432 in fine. (Arr. 26 juin 1849, Inst. 1844, § 9; -20 nov. 1849, Inst. 1857, § 5; -31 janv. 1854, Inst. 2010, § 9; -19 juin 1855, Inst. 2054, § 7.)

Les reprises respectives des époux ne peuvent être exercées que sur les biens de communauté. L'insuffisance ne donne lieu qu'à une action hypothécaire, charge dont il ne peut être fait distraction, aux termes de l'art. 15, n° 7, de la loi du 22 frim. an VII. (Arr. 18 mai 1824, Inst. 1146, § 4.)

Elles doivent être, au surplus, justifiées, à moins qu'elles ne concernent la succession du défunt.

Les reprises de la femme survivante (exclusion de communauté) ne sont pas susceptibles d'être déduites. (Inst. 1263, § 3.)

Convention attribuant au mari la totalité de la communauté et une somme fixe à la femme.

Cette somme, considérée comme créance, est une charge non susceptible de déduction, lors du paiement des droits afférents à la succession du mari. (Arr. 17 janv. 1834, Inst. 2010, § 7.)

Part de l'auteur d'une succession dans une société de commerce. — Quand le partage n'a point encore été effectué, il n'y a lieu à déclarer que l'émolument net du défunt, distraction faite de sa quote-part de dettes. (Inst. 1203, § 6.)

CHAPITRE DIX-NEUVIÈME.

TARIFS.

Ligne directe. . .	Meubles, immeubles, actions, rentes sur l'État et à l'étranger.	1 00 0/0
	Legs par testament, à charge de restitution.	1 50 0/0
Ligne entre époux.	Meubles et immeubles.	3 00 0/0
Ligne collatérale. .	Frères, sœurs, oncles, tantes, neveux et nièces.	6 50 0/0
	Grands-oncles, petits-neveux, cousins germains.	7 00 0/0
	Parents au delà du 4e degré jusqu'au 12e.	8 00 0/0
Étrangers.		9 00 0/0

CHAPITRE VINGTIÈME.

MODÈLES DE DÉCLARATIONS.

M. B.   est décédé le   , laissant pour héritiers trois enfants. La veuve existe. Ils étaient mariés sous le régime de la communauté légale, à défaut de contrat de mariage.

Communauté. — Meubles d'après inventaire reçu, M^e

notaire à   , le   , ou d'après état joint à la déclara-
tion, ci.   1,050   »
    Moitié à la succession.   525   »
    Immeubles acquis (en donner le dé-
tail) du revenu annuel de.   120   »
    Moitié à la succession.   60   »
    Immeubles propres au
défunt (en donner le dé-
tail), revenu.   370   »
                          ____
        Total. . . .   430   » cap. au den. 20,   8,600   »
                          ____

    Droit à 1 0/0 sur les
meubles. . . . . .   5 40 ⎫
    Sur les immeu-   ⎬   91   40
bles. 86   » ⎭

Dans le même cas que dessus, si le mari, par un testament (en
rappeler la date et l'enregistrement) avait légué à sa femme, soit
l'usufruit de moitié de ses biens, soit 1/4 en propriété et un autre
quart en usufruit, la veuve paierait en outre, savoir :
    Pour jouissance de moitié,   .
    Les meubles estimés 525 fr. Moitié
en usufruit.   262   50
    Valeur représentative.   131   25
    Droit à 3 0/0.   4   20
    Moitié du revenu des
immeubles.   215   »
    Capital au denier 10. .   2,150   » Droit à 3 0/0.   64   80
                                            ____
        Total.   69   »
                                            ____

Pour 1/4 en propriété et 1/4 en usufruit, liquida-
tion des droits ainsi qu'il suit :

                 ⎧ 1/4 en pro-
Meubles,   ⎨ priété. . .   131   25
525 fr.   ⎩ 1/4 en usu-
                   fruit. . . .   65   62
                          ____
                   196   87 Droit à 3 0/0.   6   »
                          ____

                 ⎧ 1/4 en pro-
Immeubles,   ⎨ priété. . .   2,150   »
8,600 fr.   ⎩ 1/4 en usu-
                   fruit. . . .   1,075   »
                          ____
                   3,225   » Droit à 3 0,0.   97   20
                                            ____
        Total.   103   20
                                            ____

A la charge des enfants. — Meubles, 525 fr., 3/4 aux enfants, sans avoir égard au quart grevé d'usufruit au profit de leur mère, 393 fr. 75 c., droit à 1 0/0. .   4 »

Immeubles, 8,600 fr., 3/4 aux enfants, 6,450 fr. — Droit à 1 0/0.   64 60

Total. 68 60

Dans tous les cas analogues, et ce sont ceux qui se présentent le plus souvent, on procédera comme ci-dessus.

Si c'est la femme qui est décédée, on opérera également de la même manière, en ajoutant à la moitié, dans la communauté, ses biens propres, si elle en possédait.

Liquidation de communauté.

M. B.   est décédé le   , laissant une veuve et pour héritiers quatre enfants. Il y a contrat de mariage.

Meubles et créances. . . . .   7,320 »

Reprises des époux, résultant du contrat de mariage :

La femme, son apport de. . . . . . 3,000 » }
Le mari, son apport de. . . . . . . 840 » } 3,840 »

Bénéfice à la communauté. .   3,480 »

Moitié au mari. . . . . 1,740 » }
Ses reprises. . . . . 840 » } 2,580 »
L'autre moitié à la femme. . . . . . 1,740 » }
Ses reprises. . . . . 3,000 » } 4,740 »

Total égal à l'actif mobilier de la communauté.   7,320 »

Quand les valeurs mobilières de la communauté ne suffisent pas pour les reprises, le surplus s'exerce sur les immeubles de communauté, s'il y en a. Exemple :

Meubles et créances. — Comme ci-dessus. . . . .   7,320 »

Immeubles. — Une maison acquise pendant le mariage, du revenu de 750 fr., au capital par 20, de. .   15,000 »

Total. . . . .   22,320 »

Reprises {de la femme. . . . . 4,400 » }
        {du mari.. . . . . 5,800 » } 10,200 »

Reste à partager. . . . . . .   12,120 »
Moitié pour chaque époux. .   6,060 »

La femme a ses repri-
ses.   4,400   » ⎫
Son bénéfice de com-   ⎬ 10,460   »
munauté.   6,060   » ⎭

Comme la femme exerce la première
ses reprises, d'abord sur les valeurs
mobilières, ensuite sur les immeubles,
il lui est attribué :

1° En meubles et cré-
ances.   7,320   »

2° A prendre sur l'im-
meuble.   3,140   »
                          ____
                             10,460   »
                          ═══════════

Le mari : 1° Ses re-
prises..   5,800   »

2° Son bénéfice de
communauté.   6,060   »
                          ____
                             11,860   »
                          ═══════════

Il lui est attribué le surplus de l'im-
meuble.   11,860   »

Total égal à l'actif. .   22,320   »
Droit à 1 0/0.   118,60   »
                                    ═══════════

Si la femme était décédée la première, le droit
aurait été perçu ainsi :

Sur 7,320 fr. de valeurs mobilières à 1 0/0. . .   73   20
Sur 3,140 fr. à prendre sur l'immeuble, à 1 0/0.   31   40
                                                  ____
Total.   104   60
                                                  ═══════════

Si le mari avait légué à sa femme une moitié de ses biens en
usufruit, ou 1/4 en propriété et 1/4 en usufruit, on opérerait
comme dans le cas présenté plus haut.

Autre liquidation de communauté.

M. C.   est décédé à   , le   , laissant pour héri-
tiers quatre enfants. On observe qu'à défaut d'inventaire, comme
il a déjà été dit ci-devant, on doit fournir sur timbre un état dé-
taillé des valeurs mobilières. S'il y a inventaire, il servira de base
à la déclaration, et si les meubles ont été vendus publiquement
pour un prix supérieur à la prisée de l'inventaire, c'est ce prix qui
doit être déclaré.

Meubles.		3,140	»

Créances.	1° Sur (nom du débiteur).	6,000	»	
	2° Sur.	4,000	»	14,750 »
	3° Sur.	4,750	»	

Intérêts dus au jour du décès.	725	»
	18,615	»

Le défunt a laissé une veuve. Il y a contrat de mariage.

Reprises de la veuve :

1° Son apport par contrat de mariage. . . . . **2,400** »

2° Aliénation d'un immeuble propre (il faut de toute nécessité rappeler l'acte) dont le prix a été payé pendant la durée de la communauté. . . . . . . **3,500** »

3° A reçu, pendant la communauté, la somme de 1,500 fr., montant d'un legs qui lui a été fait par Mme   , sa tante, suivant testament reçu par M^e   , notaire, enregistré le. . . . **1,500** »

Total des reprises de la femme. **7,400** »

Reprises du mari :

Son apport par contrat de mariage, ci.. . . . **8,450** »

Mais il doit l'indemnité se composant du prix d'acquisition d'une portion d'immeubles indivis avec lui, d'une soulte d'échange sur immeubles dont il avait déjà une partie, parce que les prix et soulte ont été payés, dans son intérêt, des deniers de la communauté. . . . . . . **5,000** »

Reprises réduites. 3,450 » 3,450 »

Reste à déduire. . 10,850 » 10,850 »

Reste en bénéfice. . **7,765** »

Moitié à la succession. . . . .   3,882 50 } 7,332 50
Reprises.   3,450   » }

L'autre moitié à la veuve. . . . . .   3,882 50 } 11,282 50
Ses reprises.   7,400   » }

Total égal.   18,615   »

Droit à 1 0/0 sur 7,332 fr. 50 c. 73 40

Autre liquidation.

Décès, soit du père, soit de la mère, laissant pour héritiers des enfants.

Valeurs mobilières de la commu-
nauté..   40,875   »
Reprises de la veuve, d'après le con-
trat de mariage.   5,830   »
Reprises du mari, ci.   8,000   »
Mais le mari doit récompense,
comme ayant payé des deniers de la
communauté une somme de 17,450 fr.
pour acquisition de moitié d'une
maison située à   , rue   , nº ,
suivant acte reçu par Mᵉ   , notaire
à   , le   17,450   »

Excédant de. . .   9,450   »
A porter en actif de communauté, ci.   9,450   »

Total.   50,325   »
Déduire les reprises de la veuve.   5,830   »

Reste à partager.   44,495   »

Moitié à la femme. . .   22,247 50 | 28,077 50
Ses reprises.   5,830   » |

Moitié au mari. . . .   22,247 50
Déduire la récompense
portée fictivement à
l'actif..   9,450   »

Reste. 12,797 50   12,797 50

Total égal à l'actif.   40,875   »

Sur 12,797 fr. 50 c. à 1 0/0.   128   »

Immeubles propres au mari. — La totalité de la maison située
à   , rue   , n°   , dont moitié a été acquise pendant
le mariage. Sur le prix de cette maison la veuve a reçu une in-
demnité.

Revenu de cette maison.   2,400   »
Capital au denier 20.   48,000   »
Droit à 1 0|0.   480   »
S'il y a d'autres immeubles propres, il faut les ajouter.

Autre liquidation.

C'est la femme qui est décédée.

Valeurs mobilières.   980   »
Immeubles acquis (en donner le détail), revenu
annuel de 450 fr., capital au denier 20.   9,000   »
——————————
9,980   »

Les reprises de la femme résultant de son contrat de mariage,
ou de la vente de ses biens propres (rappeler les actes) s'élè-
vent à.   15,000   »

Conséquemment, elle absorbe la communauté et reste créancière
du mari de 5,020 fr., montant du déficit.

La succession se compose :

1° Des meubles. . . .   980   »⎫
2° De la créance sur le   ⎬   6,000   »
mari.   5,020   »⎭
3° Des immeubles.   9,000   »

Total égal.   15,000   »

Droit suivant le degré de parenté des héritiers.
Si c'eût été le mari qui fût mort, la déclaration eût été négative.

Autre liquidation.

Mme B.   est décédée le
Héritiers, 3 enfants. Le mari vivant.

Communauté. ⎰ Meubles.   1,320   »
⎱ Maison du revenu de 200 francs,
capital par 20.   4,000   »
——————————
Total.   5,320   »

Reprises d'après le contrat de mariage :
La femme.   4,800   »⎱
Le mari.   1,800   »⎰   6,600   »

Déficit à supporter par le mari.   1,280   »

Attribué à la succession :

1° Les meubles.   1,320   »
2° A prendre sur les immeubles. . .   3,480   »

                                        4,800   »

Un immeuble propre
du revenu de 100 fr., ca-
pital au denier 20. . . .   2,000   »

Ainsi, la succession se compose :

Des meubles de com-
munauté.   1,320   »
Effets personnels de la
défunte.   95   »

                              1,415   » Droit à 1 0/0   14   20

De la portion qui lui a
été attribuée sur les im-
meubles de la commu-
nauté, ci.   3,480   »
De l'immeuble propre.   2,000   »

      Total.   5,480   » Droit à 1 0/0.   51   80

                                        69   »

Dans le même cas, si le mari a l'usufruit de moitié ou un quart
en propriété et un quart en usufruit, en vertu, soit du contrat de
mariage, soit d'un testament, on liquidera le droit à sa charge
ainsi qu'il suit :

1° Usufruit de moitié.

Meubles estimés 1,415 fr., demi en
usufruit.   707   50
Valeur représentative, demie. . . .   353   75
Droit à 3 0/0.   10   80

Immeubles estimés.   5,480   »
Demi en usufruit. . .   2,740   »
Valeur représentative,
demie.   1,370   »
Droit à 3 0/0.   41   40

2° Un quart en propriété et un quart en usufruit.
Meubles.   1,415   »

Un quart des meubles
en propriété.   353   75 }
Un quart en usufruit   }   530   62
représenté par.   176   87 }
Droit à 3 0/0.   16   20
Immeubles..   5,480   »
Un quart en propriété.   1,370   » }
Un quart en usufruit,   }   2,055   »
représenté par.   685   » }
Droit à 3 0/0.   61   80

Dans ce dernier cas, les enfants acquittent le droit sur trois quarts, sans avoir égard au quart grevé d'usufruit envers leur père.

Successions grevées de legs.

M. D.   est décédé le   , sa
veuve légataire universelle instituée par testament du   , en-
registré le   , à charge de payer les legs suivants :
A un frère du défunt.   1,000   » }
A un petit-neveu.. . . .   800   » }
A sa fille de soins, une   }   3,300   »
pension viagère de 150 fr.,   }
capital au denier 10. . .   1,500   » }
Après liquidation de la communauté, la succession se compose :
1° De meubles et créances montant à   1,420   »
2° D'immeubles du revenu de 700 fr., capital. . .   14,000   »

                                                                      15,420   »
Legs à déduire.   3,300   »

Reste à la légataire universelle. .   12,120   »

Liquidation.

1er legs, 1,000 fr. s'appliquant aux meubles à
6 fr. 50 c. 0/0.   65   »
2e legs, 800 fr. { Meubles, 420 f. { 7 0/0   29   40 }   56   »
                         { Immeub. 380 f. {   26   60 }
3e legs, 1,500 fr. à 9 0/0.   135   »
Legs universel, 12,120 fr. à 3 0/0.   363   60

Total.   619   60

Il arrive quelquefois que le légataire universel refuse de payer les droits dus par les légataires particuliers. Dans ce cas, on lui fait acquitter le droit sur l'intégralité des biens de la succession, et le receveur réclame aux légataires particuliers la différence du droit.

Ainsi, dans le cas de la présente déclaration, la veuve eût acquitté le droit à 3 0/0 sur 15,420 fr., et il y aurait eu à réclamer, savoir :

Au 1er légataire, 3 fr. 50 0/0 sur 1,000 fr.

Au 2e légataire, 4 0/0 sur 800 fr.

Au 3e légataire, 6 0/0 sur 1,500 fr.

Successions dont la moitié ou la totalité des biens étaient grevées d'usufruit au moment de leur ouverture. (Inst. 1816.)

Victor   , fils de défunt Simon et de Marie, est décédé le   , après avoir recueilli sa part de la succession de son père prédécédé.

Il laisse pour héritiers, sa mère pour la réserve légale (un quart), et ses frères et sœurs pour les trois autres quarts.

La moitié des biens recueillis est grevée d'usufruit au profit de la mère, en vertu de testament de son mari en date du   .

Les biens de la succession de Victor   consistent :

1° Meubles estimés.   440   »

2° Immeubles du revenu de 110 fr.,
capital.   2,200   »

Les droits se liquident de la manière suivante :

Moitié en toute pro-
priété..   220   »⎞
                                               ⎬   320   »
Moitié grevée d'usu-
fruit, représenté par. . .   100   »⎠

Un quart à la mère, 82 fr. 50 c. Droit à 1 0/0. .   1   »

Trois quarts aux frères et sœurs, 247 fr. 50 c.
Droit à 6 fr. 50 0/0.   16   70

On opérera de même sur les 2,200 fr. d'immeubles.

Si tous les biens sont grevés d'usufruit au moment du décès du nu propriétaire, le droit n'est exigible que sur la moitié de la valeur de succession, qui représente la nue propriété du tout.

Succession comprenant des rentes et valeurs sur des compagnies étrangères.

M. F.   est décédé à   , le   , laissant pour héritiers deux enfants. (La femme prédécédée.)

La succession se compose :

1° De meubles estimés.   1,350   »

	Report. . . .	1,350	»

2° De créances. Sur.. 1,000 » / Sur.. 2,000 » } 23,000 » / Sur.. 20,000 »

3° D'une somme déposée chez M. B. à San-Francisco.   10,000   »

4° D'une rente 3 0/0, inscrite n°   , série   , annuelle de 200 fr., donnant au cours de la bourse, au jour du décès (faire le calcul), capital présumé. . .   4,125   »

5° D'une rente 4 1/2 0/0 inscrite n°   , série   , annuelle de 250 fr., donnant au cours de la bourse. . . .   5,125   »

6° 20 actions des forges et hauts fourneaux de Franche-Comté, non cotées; on les porte au pair (500 fr. chacune).   10,000   »

7° 20 obligations des chemins de fer de l'Est au cours supposé de 480 fr. .   9,600   »

8° 40 obligations des chemins de fer autrichiens, au cours supposé de 287 fr. 50 c.   11,500   »

                                                    74,700   »

Droit à 1 0/0.   747   »

S'appliquant :   aux rentes pour..   92   80

Aux actions de chemins de fer autrichiens, cotées pour..   115   »

Et aux autres valeurs, pour.   539   20

                Total égal.. . . .   747   »

M. G.   est décédé à   , le   , laissant pour héritier un fils unique. (La femme survivante.)

Valeurs mobilières d'après la liquidation de la communauté.   49,200   »

Par son contrat de mariage, reçu par Me   , notaire à   , le   , M. G..... a assuré à son épouse, en cas de survie,

| | Report. . . . . | 49,200 | » |

et à titre de douaire, une
pension annuelle et via-
gère de.   1,200   »

Et en outre, pour ha-
bitation, un viager an-
nuel de.   800   »

____

2,000   »

Capital au denier 10 à déduire.   20,000   »

Reste.   29,200   »

Dr. à 3 0/0 sur 20,000 f.   600   » }
Dr. à 1 0/0 sur 29,200 f.   292   » }   892   »

Succession dont les legs absorbent et au delà toutes les valeurs.

M. M.   est décédé à   , le   . Par un testament
du   , enregistré le   , il a institué pour légataire uni-
versel M. D.   , son cousin issu de germain, à charge d'ac-
quitter les legs suivants :

1° A M....., cousin germain. . . .   1,000   »
2° A M.....,   *id.*   300   »
3° A M.....,   *id.*   1,000   »
4° A M.....,   *id.*   1,000   »
5° A M....., cousin issu de germain.   1,200   »
6° A M...., cousin germain. . . .   300   »
7° A M....., non parent.   600   »
8° A M.....,   *id.*   600   »
9° A M.....,   *id.*   300   »
10° A M.....,   *id.*   200   »
11° A M.....,   *id.*   600   »
12° A M.....,   *id.*   100   »
13° A M.....,   *id.*   200   »
14° A M....., cousin issu de germain.   1,000   »

____

8,400   »

Toutes les valeurs de la succession ne s'élèvent qu'à 5,208 fr.
Il y a donc lieu de réduire les legs au marc le franc : ainsi,
5,208 : 8,400 :: 10 : 620.

1er legs réduit à.   620   » Droit à 7 0/0
2e   *id.*   186   »   7 0/0

3ᵉ legs réduit à	620	»	Droit à 7 0/0
4ᵉ	*id.*	. . . .	620	»	7 0/0
5ᵉ	*id.*	. . . .	744	»	8 0/0
6ᵉ	*id.*	. . . .	186	»	7 0/0
7ᵉ	*id.*	. . . .	372	»	9 0/0
8ᵉ	*id.*	. . . .	372	»	9 0/0
9ᵉ	*id.*	. . . .	186	»	9 0/0
10ᵉ	*id.*	. . . .	124	»	9 0/0
11ᵉ	*id.*	. . . .	372	»	9 0/0
12ᵉ	*id.*	. . . .	62	»	9 0/0
13ᵉ	*id.*	. . . .	124	»	9 0/0
14ᵉ	*id.*	. . . .	620	»	8 0/0

Succession d'un co-associé dans le commerce.

M. M..... est décédé à   , le   . Il était associé, pour le commerce de la rouennerie, avec 1° M....., et 2° M....., sous la raison sociale M..... et comp., suivant acte sous signatures privées du   , enregistré le   , dûment publié au greffe du tribunal de commerce de   , le   .

Inventaire par acte reçu par Mᵉ ....., notaire à   , le   .

Les marchandises de la société sont estimées. . .	324,511	80
Mobilier de commerce.	1,382	»
Créances actives d'après le grand livre de commerce.	128,480	20
Numéraire en caisse.	834	»
	455,178	»
Passif à déduire (c'est le seul cas autorisé). (Inst. 1603, § 6.).	228,751	»
Reste.	226,427	»
Le 1/3 au défunt.	75,475	67

Droit à percevoir suivant le degré de parenté des héritiers.

Si le défunt était marié, la somme de 75,475 fr. 67 c., servirait de base pour la liquidation de la communauté.

Succession recueillie en vertu de l'art. 767, Code Napoléon.

M. N...... est décédé à   , le   , il était marié à   .

Le défunt n'avait ni parents, ni enfants naturels. C'est la veuve qui succède et acquitte le droit, comme étrangère, au taux de 9 0/0.

M. O..... est décédé à   , le   , laissant une veuve usufruitière de tout, d'après le contrat de mariage.

Par son testament du   , enregistré le   , il a institué pour légataire universel de la nue propriété de ses biens, M. O....., son frère.

Le contrat de mariage reçu par M°   , notaire à   , le   , contient la disposition suivante :

A titre de convention de mariage et conformément à l'art. 1525 du Code Napoléon, la totalité de la communauté appartiendra au survivant des futurs époux, sans que cette clause puisse être considérée comme une donation. Dans ce cas, il n'y a pas à s'occuper de la communauté, puisque les biens qui en dépendent appartiennent à la veuve, à titre de *convention de mariage*.

Biens propres au défunt.

Son apport par contrat de mariage.	5,000	»
Sur lequel il a fait entrer en communauté par le contrat de mariage, une somme de 2,000 fr. à déduire, ci...	2,000	»
Reste......	3,000	»

Sur 3,000 fr. au frère, à 6,50 0/0.....	195		»
Sur 1,500 fr. représentant l'usufruit à 3 0/0.	45		»
Immeubles propres (en donner le détail).....			
Revenu 500 fr., capital au denier 20, pour la propriété........	10,000		»
A 6 fr. 50 0/0...............		650	»
Capital au denier 10, pour l'usufruit.	5,000		»
A 3 0/0.................		150	»
Succession de M. V.....			

Lorsque le défunt a fait donation entre-vifs, soit à un de ses enfants, soit à son légataire universel ou à un étranger, d'une somme payable au décès du donateur, cette somme, considérée comme une charge, ne doit pas être déduite de la succession. (Arrêt de cassation du 6 mai 1857).

Successions irrégulières.

Demoiselle Elisa B..... est décédée à   , le   , laissant pour héritiers : 1° Marguerite R....., veuve de Jacques B....., sa mère ; 2° Adèle B....., sa fille naturelle reconnue ; la première ayant droit à un quart formant la réserve légale ; la seconde à une moitié, en vertu de l'art. 757 du Code Napoléon ; 3° et trois frères qui sont Adolphe, Firmin et Frédéric B.....

' Les susnommés sont donc fondés, savoir :

La fille naturelle pour moitié, ou. .   16/32ᵉ

La mère et les frères, dont le prélève-
ment de moitié réduit les droits :

La mère. . . . .   4/32ᵉ \
Les frères. . . . .   12/32ᵉ /   16/32ᵉ

De la succession dépendent des valeurs mobi-
lières (en donner le détail à défaut d'inventaire),
montant à.   3,659   »

Demi à la fille naturelle.   1,829   50

Droit à 1 0/0.   18   40

L'autre moitié à la
mère et aux frères. . . .   1,829   50

1/4 à la mère.   457 37 Droit à 1 0/0.   4   60
3/4 aux frères. 1,272 13 Droit à 6 50 0/0. 89 70

S'il y a des immeubles, la division se fera comme pour les meubles. Si la demoiselle Elisa B..... n'avait point laissé de parents au degré successible, l'enfant naturel aurait recueilli toute la succession.

Mᵐᵉ T..... est décédée à   , le   . Par son testament du   , enregistré le   , elle a institué pour ses légataires universels :

1° Ses neveux et nièces (les dénommer) pour une moitié.

2° Ses petits-neveux et petites-nièces pour l'autre moitié, mais ceux-ci ne jouissant de leurs legs qu'après le décès de leurs père et mère, auxquels elle lègue l'usufruit desdits legs.

Nota. Le père est neveu de la défunte et la mère nièce par alliance.

Valeurs mobilières.. .   7,230   »

Moitié aux neveux et
nièces.   3,615   »

Droit à 6 fr. 50 0/0. .   233   30

Moitié aux petits-ne-
veux et petites-nièces. .   3,615   »

Droit à 7 0/0.   253   40

Cette dernière somme de 3,615 fr. est
représentée en usufruit par.   1,807   50

Moitié aux neveux. .   903   75

Droit à 6 fr. 50 0/0. .   59   80

Moitié à la nièce par
alliance..   903   75

Droit à 9 0/0.   82   80

S'il y a des immeubles dans la succession, on opérera comme ci-dessus.

M. D..... est décédé à   , le   , laissant une veuve.

Sa succession a été recueillie par ses cinq enfants.

Le droit de mutation a été acquitté dans le délai, savoir :

Sur les valeurs mobilières, montant à. . . . . 2,500 »

Sur les immeubles du revenu de 500 fr., capital. . . . . ·10,000 »

Deux des cinq enfants sont décédés, après avoir recueilli chacun 1 cinquième dans la succession de leur père.

Ils laissent pour héritiers, leur mère pour un quart, et leurs frères et sœurs pour trois quarts.

Le droit de mutation se liquidera comme il suit :

Premier enfant décédé.

Sa succession se compose de 1/5ᵉ des meubles du père, soit.	500	»	
1/4 à la mère, 125 fr., Droit à 1 0/0.			1 40
3/4 aux frères et sœurs, 375 fr. Droit à 6 fr. 50 0/0.			24 70
1/5ᵉ des immeubles du père. .	2,000	»	
1/4 à la mère, 500 fr. Droit à 1 0/0.			5 »
3/4 aux frères et sœurs, 1,500 fr. Droit à 6 fr. 50 0/0.			93 50
Total.			128 60

Deuxième enfant décédé.

1/5ᵉ dans la succession du père. . .	500	»	
Il a recueilli dans la succession de son frère 1/4 des 3/4 du cinquième. .	93	75	
	593	75	
1/4 à la mère, 148 fr. 44 c. Droit à 1 0/0.			1 60
3/4 aux frères et sœurs, 445 f. 31 c. Dr. à 6 f. 50 0/0.			30 0
1/5ᵉ des immeubles.	2,000	»	
Avait recueilli dans la succession de son frère premier décédé, 1/4 des 3/4 du cinquième.	375	»	
	2,375	»	
A reporter.			32 »

Report.	32	»
1/4 à la mère, 593 fr. 75 c. Droit à 1 0/0.	6	»
3/4 aux frères et sœurs, 1,781 f. 25 c. Dr. à 6 f. 50 0/0	117	»
	155	»

M⁰ᵉ B....., est décédée à   , le   (son mari vivant).

Il n'y a pas d'enfants du mariage.

Les héritiers sont, les père et mère pour moitié, et les frères et sœurs pour l'autre moitié.

La communauté est nulle.

Par le contrat de mariage en date du   , la défunte s'est constitué :

1° Ses effets personnels estimés. . .			123	»
2° Une somme en numéraire de. . .			4,000	»
Ses père et mère lui ont fait donation par le même acte, 1° d'un trousseau de.	2,000	»		
D'une somme en numéraire de..	5,000	»	7,000	»
			11,123	»

Les 7,000 fr. donnés par les père et mère, leur reviennent à l'exclusion de tous autres. (Art. 747 du Code Napoléon).

Par suite, liquidation des droits sur. 4,123 »		
1/2 au père et mère. 2,061 50 Dr. à 1 0/0. . .	20	80
1/2 aux collatéraux. 2,061 50 Dr. à 6 f. 50 0/0.	135	20
Sur 7,000 fr., retour légal aux père et mère donateurs. Droit à 1 0/0.	70	»
	226	»

FIN DU TRAITÉ.

TABLE DES CHAPITRES.

FIN DE LA TABLE DES CHAPITRES.

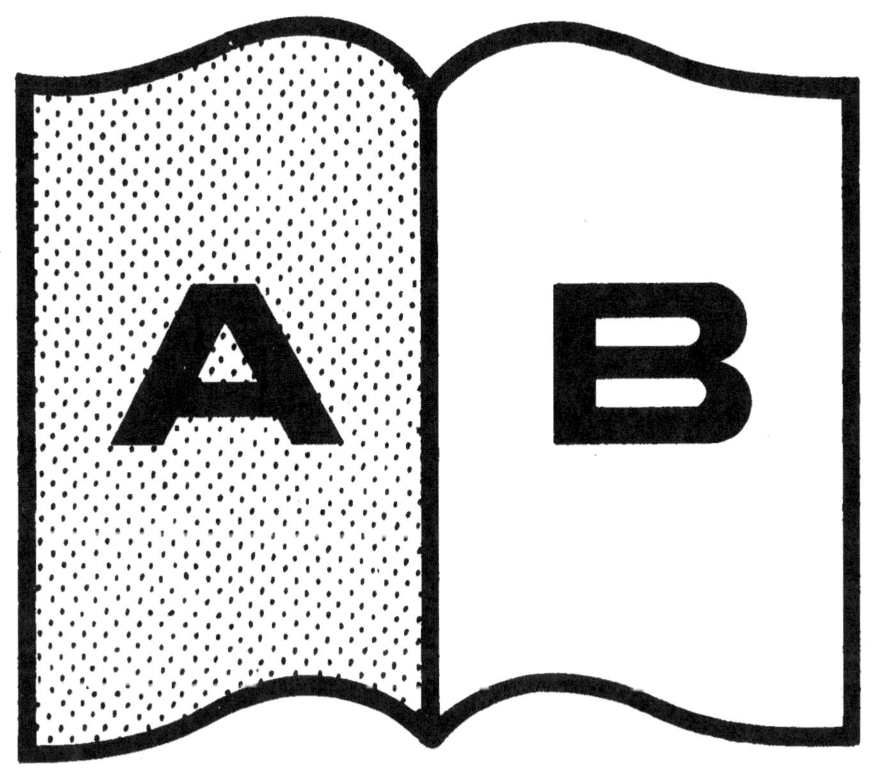

Contraste insuffisant

NF Z 43-120-14